RECUEIL

CONTENANT LES

MAXIMES ET LOIS

D'AMOUR

PLUSIEURS LETTRES, STANCES, SONNETS, RONDEAUX

ET DIVERSES AUTRES POÉSIES.

ROUEN

IMPRIMERIE DE E. CAGNIARD

88, Rue Jeanne-Darc, 88

—

1882

RECUEIL

CONTENANT LES MAXIMES ET LOIX D'AMOUR

Tiré à 250 exemplaires

sur papier vergé de Hollande, tous numérotés

N°

RECUEIL

CONTENANT LES

MAXIMES ET LOIS
D'AMOUR

PLUSIEURS LETTRES, STANCES, SONNETS, RONDEAUX
ET DIVERSES AUTRES POÉSIES

ROUEN

IMPRIMERIE DE E. CAGNIARD
88, Rue Jeanne-Darc, 88

—

1882

NOTICE

~~~

ES différentes pièces que nous présentons aujourd'hui aux bibliophiles font partie du Recueil imprimé à Rouen en 1666. Elles ont d'abord le mérite d'être rares, puis certaines d'entr'elles sont normandes, ce qui ne peut qu'en augmenter l'intérêt.

A cette époque où la Normandie tenait le premier rang parmi les provinces, il n'y avait rien d'étonnant à ce qu'un certain nombre de personnes illustres y aient fixé leur résidence; et les nobles personnages qui habitaient Roumare et Canteleu étaient évidemment de hautes personnalités d'un rang peut-être égal à celui du gou-

verneur de la Normandie, à qui cet ouvrage était
dédié. L'administration de l'antique province était
alors entre les mains du duc de Montausier, qui
joignait à son titre de gouverneur ceux de Pair
de France, Chevalier des Ordres du Roi, Gouverneur et Lieutenant-Général pour Sa Majesté en
Angoulmois, Saintonge, haute et basse Alsace, etc.

Outre les diverses pièces en vers et en prose,
lettres, stances, sonnets, rondeaux, que contient
ce Recueil, les Lois et Maximes d'amour y tien-
nent une large place. C'est un motif éternellement
jeune et qui exercera toujours la verve des poëtes;
mais, pour le bien chanter, peut-être trouvera-t-on
difficilement un interprète plus délicat que le
quatrain manuscrit suivant, inscrit sur la garde
même de l'exemplaire original, et que nous
n'avons pu résister au désir de reproduire ici :

> Pour mes amours éterniser
> Es arbres les veux inciser,
> Car les arbres croiſtront toujours,
> Ainsi croiſtrez-vous, mes amours.

J. DESCHAMPS.

RECVEIL

CONTENANT LES

MAXIMES ET LOIX

D'AMOVR

PLVSIEVRS LETTRES, STANCES, SONNETS, RONDEAVX
ET DIVERSES AVTRES POÉSIES

A ROÜEN

CHEZ IEAN LVCAS, RVE NEVFVE S. LO

——

M DC LXVI

MAXIMES D'AMOVR

OU

QUESTIONS EN PROSE DÉCIDÉES EN VERS

~~~~~~~

Sçauoir ce que c'eſt que l'Amour

V Ous qui les hiſtoriettes
  Liſez la nuiĉt & le iour
Sans ſçauoir ce que vous faites
Lors que vous faites l'Amour,
Voſtre ignorance eſt extrême :
Mais ſçachez, pour en ſortir,
Que l'amour eſt vn deſir
D'eſtre aymé de ce qu'on ayme.

De quelle maniere il faut que les femmes fe conduifent
pour ne fe pas ruiner de reputation en aymant.

> *Beau fexe ou tant de graces abonde,*
> *Qui charmez la moitié du monde,*
> *Aymez, mais d'vn amour couuert*
> *Qui ne foit iamais fans myftere;*
> *Ce n'eft pas l'amour qui vous pert,*
> *C'eft la maniere de le faire.*

Sçauoir s'il y a des fecrets pour eftre aymé

> *Si vous voulez rendre fenfible*
> *L'obiet dont vous eftes charmé,*
> *Pouruu que dans le cœur il n'ait rien d'imprimé,*
> *La recepte en eft infaillible :*
> *Aymez & vous ferez aymé.*

Sçauoir fi l'on peut toufiours aymer vne femme fans
reçeuoir les dernieres faueurs

> *Quand les feux font paffez d'vne grande ieuneffe*
> *Ie comprens fort bien qu'vn Amant*
> *Peut toufiours aymer fa maiftreffe*
> *Sans en auoir contentement,*
> *Pouruu qu'elle ayt pour luy quelque honnefte tendreffe*
> *Et ne luy donne pas l'ennuy*
> *D'en aymer d'autre que luy.*

Sçauoir ſi l'on doit s'opiniaſtrer auprés d'vne coquette

> *Si vous aymez vne coquette*
> *Qui ſoit inſenſible à vos maux,*
> *Qui vous flatte puis vous mal traitte*
> *Et vous accable de Riuaux,*
> *Ne vous dépitez point ; quelque ſot s'iroit pendre,*
> *Ne vous rebutez point, vous la verrez changer ;*
> *Attendez l'heure du Berger :*
> *Tout vient à point à qui peut attendre.*

Sçauoir ſi les grands plaiſirs de l'Amour ſont dans la teſte ou dans le ſens

> *Ie ne borne pas aux deſirs*
> *La paſſion la plus honneſte ;*
> *Mais de l'Amour les grands plaiſirs*
> *Sont dans la teſte.*

Sçauoir quelles ſont les veritables marques d'vne grande paſſion

> *Vous demandez chaque iour*
> *Quelles ſont d'vn grand amour*
> *Les preuues indubitables ;*
> *Les ſoins, les empreſſemens*
> *Sont les marques veritables*
> *Des veritables Amans.*

Sçavoir fi, en l'abfence d'vne perfonne qu'on ayme bien,
l'on en a toufiours l'idée prefente

Alors qu'on ayme extrèmement
Et qu'on languit dans vne abfence,
Iris, on fonge inceffamment
A la caufe de fa fouffrance :
Mais quand par fois on s'en difpenfe,
Si l'on peut dire les diâons,
On en revient bien-toft à fes moutons.

Sçavoir s'il fe faut voir bien-toft pour s'aymer

C'eft dans les premiers iours qu'on fe fent enflamer ;
Quand on attend plus tard il n'en va pas de mefme,
Si l'on voit quelque temps les gens fans les aymer
Iamais l'on ne les ayme.

Sçavoir s'il fe faut voir long-temps pour s'aymer

Vous dites d'vn ton de maiftre
Que pour aymer il faut connoiftre ;
Voulez-vous fçavoir iuftement
Ce qu'enfeigne l'experience :
L'amour vient de l'aueuglement,
L'amitié de la connoiffance.

7

Sçauoir ce qui eft le plus difficile de retourner de
l'Amour à l'amitié, que de paffer de l'amitié à
l'Amour.

Ie tiens qu'il eft fort difficile
Quand on a tendrement foupiré plus d'vn iour
  De faire à l'amitié retour,
 Mais l'on n'en voit pas vn de mille   ‡
D'vne longue amitié paffer iufqu'à l'amour.

Sçauoir s'il eft vray, comme dit la plufpart du monde,
  que l'Amour faffe les gens fous

 Vous qui profnez inceffamment
 Qu'on eft fol quand on eft Amant,
 Apprenez, en vne parole,
 Ce que l'amour eft en effait ;
 Il eft fol dans vne ame folle
 Et fain dans vn cœur bien fait.

  Sur le mefme fujet

 Ie fuis contre le fentiment
 Qu'on eft fol quand on eft Amant,
On peut fort bien alors qu'on ayme
 Auoir encor de la raifon :
Mais alors qu'en tous lieux & en toute faifon
La prudence eft extrême, l'amour n'eft pas de mefme.

Sçauoir ſi vne grande amitié eſt compatible auec vn
grand amour pour deux perſonnes

Lors que l'amour nous remplit bien
Hors cela nous ne ſentons rien,
Et lors que pour Tirſis noſtre amitié nous preſſe
Nous n'aymons Iris qu'à demy ;
Enfin l'on oſte à ſa maiſtreſſe
Tout ce qu'on donne à ſon amy.

Sçauoir ſi l'on peut apprendre à aymer par regles comme
autre choſe

Quand à l'amour ie vous conuie
Vous m'en demandez des leçons,
Il n'y faut pas tant de façons,
Ayez-en ſeulement enuie ;
Amour ſçaura bien vous former,
Aymez & vous ſçaurez aymer.

Sçauoir ſi les larmes ſont neceſſaires en amour

Pleurez, Amants, aux pieds de vos Maiſtreſſes
Si vous voulez attirer leurs tendreſſes ;
Qui pleure, quand il faut des pleurs,
En amour eſt maiſtre des cœurs.

Sçauoir ſi les larmes ſont vtiles en amour pour
perſuader

Amants, qui n'auez pas de charmes
Alors qu'il vous faut exprimer,
Si vous voulez vous faire aymer
Apprenez à verſer des larmes ;
Les ſots qui pleurent à propos
Sont touſiours preferez aux diſeurs de bōs mots.

Sçauoir ſi l'on peut connoiſtre le vray d'auec le faux
Amant

Les deſintereſſez diſtinguent aiſément
Le vray d'auec le faux Amant,
On trouue que du veritable
La flamme augmente chaque iour,
L'autre à ſoy-meſme eſt diſſemblable
Et laiſſe tomber ſon amour ;
Mais ce qui fait qu'en cette affaire
On ne peut voir à poinct nommé
Le faux amant ou le ſincere,
C'eſt qu'on deſire d'eſtre aymé,
Et qu'on ſe flatte d'ordinaire.

Sçauoir ſi l'on peut auoir vn amour tout deſinterreſſé

> *Ne croy point trop à ces paroles*
> (Ie t'ayme beaucoup plus que moy,
> Ie mourois mille fois pour toy)
> *Iris, ce ſont des hyperboles,*
> *On ayme pour l'amour de ſoy.*

Sçauoir en quel endroit on ayme le mieux, à la cour,
à la ville, ou à la campagne

> *D'ordinaire à la Cour les cœurs ſont tourmentez*
> *De l'amour & de la fortune,*
> *A la ville ſouuent l'on voit trop de beautez*
> *Pour eſtre fort conſtant pour vne :*
> *Mais dans vn champeſtre ſeiour*
> *Le repos l'Amour accompagne;*
> *On ayme mieux à la campagne*
> *Qu'à la ville ni qu'à la cour.*

Sçauoir qui ayme le mieux des hommes ou des femmes

> *Les femmes dont l'amour a de la violence*
> *N'ayment pas fort long temps,*
> *Les hommes dont l'amour a moins de vehemence*
> *Sont auſſi plus conſtans.*

Pourquoy l'on voit si souuent de iolies femmes aymer
de sottes gens, & pourquoy d'honnestes gens aymer
de sottes femmes.

Alors qu'on commence d'aymer
On cache le désagréable,
On montre ce qu'on a d'aymable,
On veut plaire, on veut enflammer,
Le plus aigre est doux & traitable :
Mais si-tost qu'enfin on se plaist
Et qu'en vn mot l'affaire est faite,
Chacun se fait voir tel qu'il est
Et l'on ne peut faire retraitte.

Sçauoir qui est la plus aymable Maistresse, de la Prude
ou de la Coquette reformée

Siluandre dans l'incertitude
Laquelle il aymeroit, la Coquette ou la Prude,
Et ne pouuant enfin se resoudre à choisir,
Me demanda quélle victoire
Seroit plus selon mon desir ;
Voulez-vous, luy dis-je, m'en croire :
La Prude donne plus de gloire
La Coquette plus de plaisir.

2

Sçauoir s'il faut croire au pied de la lettre tout ce que
difent tous les Amans

L'hyperbole plaiſt aux Amants,
Tout eſt ſiècle pour eux ou bien tout eſt moments,
Et iamais au milieu du calcul ne demeurent;
Ils vont tous dans l'extremité,
Ils diſent que leur bien ne dure qu'vn quart d'heure
Et leur mal vne eternité.

Sçauoir ſi vn grand amour eſt compatible auec vne
grande ambition

C'eſt vouloir, pour parler en langue vn peu commune,
Prendre la Lune auec les dents
Que de vouloir en meſme temps
Faire l'amour & ſa fortune.

Sçauoir ſi auec la gayeté & vne humeur enioüée l'on
peut perſuader qu'on ayme

Alors que tu viens voir Caliſte
Tu luy parois touſiours content,
Cependant il eſt tres-conſtant
Que qui dit amoureux dit triſte;
Prends donc vn air plus ſerieux,
Fais voir ton amour dans tes yeux,

Car tant que l'on te verra rire
On ne croira iamais que tu defire.

Sçauoir fi les gens qui ont vn grand defir de plaire
n'ont pas deffein d'eftre aymez &, de là, s'ils ne
veulent pas aymer.

Vous voulez qu'on vous trouue belle,
Cependant vous eftes cruelle,
On ne fçauroit vous enflammer;
Ie ne vous croy pas trop fincere,
Car enfin lors que l'on veut plaire
C'eft figne que l'on veut aymer.

Sçauoir fi l'on eft content quand on eft amoureux

Alors qu'on commence d'aymer
On a peur de trouuer vne femme cruelle,
Si toft qu'on a pu l'enflammer
L'on craint qu'elle ne foit infidelle,
De forte qu'on peut dire aux Amants mefme heureux
Qu'on n'eft iamais content quand on eft amoureux.

Sçauoir lequel eft le plus à propos à vne femme, pour
fe faire aymer long temps, d'eftre facile ou difficile à
fe refoudre.

Si vous voulez nos cœurs iufqu'à l'eternité
Et ne trouuer iamais la fin de nos tendreffes,
Faites-vous bien valoir par la difficulté,

Car ce qui fait durer nos feux pour nos maistresses
C'est la peine & le temps qu'elles nous ont cousté.

Sçauoir si l'on doit croire qu'vn Amant depité soit vn
Amant guery

> *Lors qu'à nos vœux la belle Iris contraire*
> *Se rit des maux que l'on souffre en l'aymant,*
> *On fait dessein, au fort de la cholaire,*
> *De la quitter, on en fait des serments :*
> *Mais des serments que le depit fait faire*
> *Contre vn objet qu'on ayme tendrement*
> *Autant en emporte le vent.*

Sçauoir laquelle on aymeroit le mieux, ou vne personne
d'vn petit merite qui aymeroit fort, ou vne personne
d'vn amour mediocre qui auroit beaucoup de merite.

> *Vous souhaitez que ie vous die*
> *Qui ie choisirois pour Amant,*
> *D'vn homme d'vn petit genie*
> *Qui m'aymeroit infiniment,*
> *Ou d'vn homme à merite rare*
> *Qui m'aymeroit par maniere d'acquit ;*
> *Puis qu'il faut que ie me declare,*
> *Ie baiserois les mains au bel esprit ;*

En voicy la raiſon, Caliſte,
Beaucoup plus claire que le iour :
Il eſt bon en amour d'auoir bien du merite,
Mais neceſſairement il y faut de l'amour.

Sçauoir ſi l'on peut aymer ſans eſperance d'eſtre aymé

Lors que vous trouuez vn Amant
Qui vous dit que ſous voſtre empire
Son cœur inceſſamment ſouſpire
Sans eſpoir de ſoulagement,
Sous vne modeſte apparence
Il vous veut ſurprendre en effet :
Car pour aymer ſans eſperance
Perſonne ne l'a iamais fait.

Sçauoir ſi vn grand amour peut compatir auec vne
grande gayeté

Ie ne veux pas, Amants, que ſans ceſſe on ſoupire ;
Mais lors qu'vn grand amour a bien ſurpris vn cœur,
L'air bruſque luy deſplaiſt & les eſclats de rire,
Et ſon véritable air eſt celuy de langueur.

Sçauoir quels ſont les temperamens les plus propres à
l'Amour

Tous les temperamens ſont propres à l'Amour,
Mais à la verité les vns plus que les autres ;

Amants pleins de langueur, ne changez pas les voſtres
Auec les gens de feu, vous perdriez au retour :
De ceux-cy la chaleur a plus de violence
Mais d'ordinaire ils ont moins de perſeuerance,
Et quand ils aymeroient auſſi fidellement
Touſiours font ils l'amour moins agreablement ;
Si bien qu'ils taſcheront en changeant de nature
De prendre, afin de plaire en de certains momens,
De la langueur au moins le ton & la figure
Alors que teſte à teſte ils feront les Amants.

Sçauoir ſi l'Amour eſt compatible auec d'autres grandes
paſſions

> *Ie ſuis ſurpris, ie le confeſſe,*
> *Alors que ie vois quelque Amant*
> *S'attacher auſſi fortement*
> *A ſes cheuaux qu'à ſa Maiſtreſſe*
> *Et les aymer égallement.*

On eſt bien ridiculle alors qu'on ſe propoſe
D'auoir le ieu, la guerre & l'amour dans l'eſprit,
Ie sçay bien qu'en aymant il faut faire autre choſe
Mais tout horſmis l'amour par maniere d'acquit.

Sçauoir ſi c'eſt vne neceſſité qu'il faille aymer vne fois
en ſa vie

> *Il faut auoir, belle Iris, le cœur tendre,*
> *Mal à propos l'on s'en veut empeſcher ;*

Si c'eſt vn bien nous le deuons chercher,
Si c'eſt vn mal on ne peut s'en deffendre.

Sçauoir quel eſquipage eſt neceſſaire à vn Amant

Vous qui ſous l'amoureux empire
Voulez vous donner tout entier,
Ayez & ſoye & plume & cire
De bon encre & de bon papier :
Car vn Amant dont l'eſcritoire
N'eſt pas touſiours en bon eſtat,
C'eſt vn homme cherchant la gloire
Qui va ſans armes au combat.

Sçauoir de quelles manieres il faut que les femmes en
vſent auec les gens qui leur eſcriuent, quand elles
ne les veulent point aymer.

Alors qu'vn Amant vous eſcrit
Dont vous meſpriſez la conqueſte,
Vous croyez eſtre fort honneſte
De luy mander que ce qu'il dit
Ne fait que vous rompre la teſte ;
Apprenez que c'eſt vne erreur,
Et qu'en de telles conionctures,
Iris, c'eſt faire vne faueur
Que de reſpondre des iniures.

SECONDE PARTIE

MAXIMES D'AMOUR

~~~~~~~

Sçauoir qui tefmoigne plus d'amour de l'extrême ialoufie
ou de l'extréme confiance

Q *Voy ! ferez-vous toufiours contente,*
Vous louërez-vous toufiours de moy ?
Voftre flamme, Philis, n'eft pas trop violente,
Car vn grand amour nous tourmente
Et fouvent fans raifon nous donne de l'effroy ;
Enfin l'extréme confiance
Eft proprement indifference.

Sur le mefme fujet

Ie craindrois fort vne Maiftreffe
Dont la fauffe delicateffe
Et le cœur trop rempli d'Amour
Me tourmenteroit nuiĉt & iour,
C'eft vn grand bourreau de la vie
Que l'excez de la ialoufie;
Mais ie tiens qu'on feroit beaucoup plus tourmenté
De l'extrème tranquillité.

Sçauòir fi, dans vn grand fujet de plainte, vn Amant
peut s'emporter parlant à fa Maiftreffe.

Lors qu'vne Maiftreffe coquette
Vous forcera de vous aigrir
Il ne faut point vous retenir,
Mais dedans quelque eftat que le depit vous mette
Fuyez les termes infolents,
Qu'auec efclat voftre depit efclate,
Ie ne deffends pas qu'on la batte,
Car c'eft le fait des payfans,
Et ie parle aux honneftes gens.

Sçauoir de quelle maniere il faut que les Amants
patrons en vfent avec leurs Maiftreffes qui n'ont pas
affez de foin de chaffer leurs Riuaux.

Si prés de la belle Clymene
Dont vous aurez efté vengeur,
Vn riual vous fait de la peine,
Pour vous en delivrer employez la douleur;
Priez-là de vous en defaire,
Amant, c'eft là qu'il faut pleurer,
Ou, pluftoft que de luy déplaire
Offrez-luy de vous retirer,
Ie fuis fort trompé fi la belle
Pour n'aymer que vous feul ne chaffe l'autre Amant;
Mais quand cette beauté voudroit eftre infidelle
Vous trauailleriez vainement
A la garder en depit d'elle.

Sçauoir s'il eft bon à vne Maiftreffe d'obliger fon Amant
à faire feruir vne autre femme de pretexte.

Quand pour chaffer les amourettes
La Dame ordonne à fon Amant
De conter ailleurs des fleurettes,
Elle raifonne fauffement :
Car fi celle à qui l'on s'addreffe
Egale en beauté fa Maiftreffe,

Celle-cy beaucoup rifquera ;
Si la Maiftreffe eft la plus belle
Iamais perfonne ne croira
Que fon Amant foit infidelle.

Sçauoir fur quoy il faut rompre auec fa Maiftreffe

Qu'on pardonne les fourberies,
On peut mefme oublier toutes coquetteries,
Quoy que ce foit d'amour les vrays pechez mortels,
Mais l'infidelité iamais l'on ne l'oublie,
Et comme on eft toufiours amis iufqu'aux autels
L'on eft Amant iufqu'à la perfidie.

Sçauoir à quoy principalement vne femme connoit fi
fon Amant eft toufiours amoureux

Lors qu'vn Amant, Iris, vous paroiftra fufpeſt
Que pour quelque raifon vous douterez qu'il vous aime,
Examinez s'il a toufiours vn grand reſpeſt
Et croyez, en ce cas, que fa flamme eft extréme.

Sçauoir fi l'intereft d'vn Amant ne rend pas fa Maiftreffe
plus rude à ceux qui luy tefmoignent de l'amour que
fon intereft particulier.

Quand on veut remplir de flamme
Le cœur d'vne honnefte femme
Qui ne l'a rempli de rien,
Si la vertu luy fait rebuter la tendreffe

Pour le moins c'eſt ſans rudeſſe,
Tout le mal qu'elle fait c'eſt le refus du bien :
Mais quand quelqu'vn pretend en faire la conqueſte,
Si celuy-cy la trouue en vn engagement
L'intereſt de ſon Amant
La rend vn peu brutale à force d'eſtre honneſte.

Sçauoir s'il ſuffit entre les Amants de faire les choſes
qu'ils ſe font promiſes

A ſon Amant donner ce qu'il demande
La faueur n'eſt pas grande,
Mais pour luy faire, Iris, vn extrême plaiſir
Il le faut preuenir ;
Car ie ſoutiens deuant toute la terre
Qu'on ſe fait peu valoir
En amour ainſi qu'à la guerre
Quand on ne fait que ſon deuoir.

Sçauoir ſi la regularité de l'amour ne contraint pas les
Amants

Iris, la regularité
Que donne vne amoureuſe flamme
Ne deſtruit point la liberté,
Car alors qu'vne honneſte femme

Donne vn rendez-vous quelque iour
Elle y va, pleine de tendreſſe,
Non pas pour tenir ſa promeſſe
Mais pour contenter ſon amour.

Sçauoir laquelle on aymeroit mieux, d'vne perfonne qui aymeroit mediocrement mais qui feroit touſiours égale dans les teſmoignages de ſa tendreſſe, ou d'vne qui aymeroit infiniment & qui feroit inégale.

J'aymerois mieux vn peu moins de carreſſes
 Auec beaucoup d'égalité,
Que d'eſtre vn iour accablé de tendreſſes
 Et l'autre de feuerité.

Sçauoir pourquoy les Amants ſe plaignent touſiours

Ce qui fait que dans nos amours
Nous nous plaignons preſque touſiours
C'eſt ma faute, Iris, ou la voſtre;
Examinez vn peu nos feux
Et vous verrez que l'vn des deux
A touſiours plus d'amour que l'autre.

Sçauoir fi, quand on ayme quelqu'vn, l'on peut dire
ferieufement à vne autre : *que ne puis-ie eftre à deux*
fans me rendre infidelle, ou que ne fuis-ie à moy pour
me donner à vous !

> *Ou l'on fe mocque d'vne belle*
> *A qui l'on tient ces propos doux :*
> *Que ne puis-ie eftre à deux fans me rendre infidelle*
> *Ou que ne fuis-ie à moy pour me donner à vous !*
> *Ou fi l'on parle fans feintife*
> *On veut reprendre fa franchife*
> *Et faire quelque mefchant tour ;*
> *Car enfin fi toft qu'on fouhaitte*
> *De partager ou quitter fon amour*
> *Ie tiens l'affaire defia faite.*

Sçauoir de quelle maniere il faut fe conduire auec la
perfonne qu'on ayme, apres luy auoir donné fujet de
fe plaindre.

> *Alors qu'on a fafché la perfonne qu'on ayme*
> *Il faut auec vn foin extréme*
> *Tafcher de fe raccommoder :*
> *Si la chofe peut fucceder*
> *Il faut redoubler les carreffes,*
> *Les empreffemens, les tendreffes,*

Et confiderer vn Amant
Comme vn pauure conualefcent
De qui la fanté délicate
Merite bien que l'on le flatte.

Sçauoir s'il peut y auoir vn Amour qui dure toufiours

Vous demandez, belle Sylvie,
Si l'on peut s'entr'aymer tout le temps de fa vie;
Quoy qu'il foit rarement d'eternelles amours,
Si deux efprits bien faits faifoient galanterie,
Ils s'aymeroient toufiours.

Sçauoir fi l'on peut eftre gay en l'abfence de la
perfonne qu'on ayme

Il eft ridicule de voir
L'Amant abfent de ce qu'il ayme,
Les yeux en pleurs, la couleur blefme,
Ne parler que de defefpoir;
Ie ne demande pas que fans ceffe on foupire,
Sans eftre gay mefme on foupire.

Sçauoir s'il ne faut rien pardonner en Amour, ie dis
des fautes contre l'Amour mefme

On feroit fort brutal de ne pardonner rien
Aux gens que l'on ayme bien,

Au contraire il eft vrayfemblable
Qu'apres auoir efté coupable
On fera deformais de faillir moins capable :
Mais quand on voit, Iris, qu'on retombe toufiours
On doit conter alors fur de foibles amours,
Et fur de telles coniectures
On doit prendre d'autres mefures.

Sçauoir fi l'Amant n'eft pas obligé, auffi bien que fa
Maiftreffe, de luy garder fon corps auffi bien que fon
cœur

Ie fçais fort bien que la defbauche,
Tantoft à droite, tantoft à gauche,
Defhonore infailliblement
La Maiftreffe plus que l'Amant :
Cependant ie tiens pour maxime
Qu'à tous deux c'eft vn mefme crime,
Et que le commerce des fens
Où l'on n'a point d'engagemens
N'eft pas moins contre la tendreffe
De l'Amant que de la Maiftreffe.

Sçauoir fi, quand on fe r'accommode en amour, l'on
oublie tout le paffé

Au moment qu'on fe r'accommode
Sur quelque differend d'amour,

Iris, il eſt vray, c'eſt la mode
D'oublier tout iuſqu'à ce iour,
Et la choſe eſt aſſez commode;
Mais alors que de faillir on a recommencé,
Nous rapellons tout le paſſé.

Sçauoir ſi l'Amant n'eſt pas obligé, comme ſa Maiſtreſſe,
de lui garder ſon corps auſſi bien que ſon cœur

Vous vous trompez fort lourdement
Quand vous croyez, comme Euangile,
Qu'à vous ſeul trop iuſtement
Il eſt permis d'eſtre fragile;
La Dame auroit raiſon de vous reſpondre ainſi :
Et moy ie ſuis fragile auſſi.

Sçauoir ſi c'eſt par la faute d'vne femme qu'vn Amant
s'opiniaſtre à l'aymer, & s'il depend de là de s'en
deffaire.

La femme, Iris, la plus ſeuere
Ne ſçauroit iamais ſi bien faire
Que, quand il plaiſt à quelqu'Amant,
Il ne luy parle tendrement :
Mais ſi cet Amant perſeuere
Elle y donne conſentement.

Sçauoir comme il faut que les honneftes gens foient
ialoux, & quand il faut qu'ils rompent

Ie veux qu'à fa Maiſtreſſe vn Amant ſe confie
Et que, pour toute ialouſie,
Il ſoit quelquefois allarmé
De n'eſtre pas aſſez aymé;
Mais ſi la Dame n'ayme guere,
Que l'Amant la trouue legere
Et n'en puiſſe vne fois douter,
Ie le condamne à la quitter.

Sçauoir ſi l'on ſe peut donner des leçons reciproquement
en amour

Encor que l'amour ſeul apprenne à bien aymer
Il eſt pourtant certain que les Amants s'inſtruiſent,
Ils feront donc fort bien ſi par fois ils ſe diſent
Ce qu'ils croiront vtile à ſe bien enflammer.

Sçauoir ſi, dans l'eſclairciſſement d'amour, il faut entrer
dans le deſtail des choſes, ou s'il n'en faut parler que
ſuperficiellement.

Quand apres quelque faſcherie
On fait vn eſclairciſſement,

Il faut parler exactement
Du fuiet de la broüillerie :
Car d'en parler en general
Cela ne guerit point le mal.

Sçauoir combien la fincerité eft neceffaire en amour

De la fincerité i'entens qu'on faffe veu;
En honnefte gallanterie,
I'excufe volontiers & bien pluftoft i'oublie
Vn crime dont on fait l'adueu
Qu'vne bagatelle qu'on nie.

Sçauoir fi l'on peut bien aymer & n'eftre pas fincere

Vne honnefte Maiftreffe & qui tafche de plaire
Eft fur toute chofe fincere,
Elle craint plus, lors qu'elle ment,
D'eftre foy-mefme fa partie
Que de defplaire à fon Amant
S'il la prenoit en menterie.

Sur la mefme

Vne honnefte Maiftreffe ayme la verité
Et prend toufiours plaifir à la fincerité,
Mais fi, pour l'excufer aupres de ce qu'elle ayme,

Elle parle vne fois moins veritablement,
Ce qu'elle fe dit à foy-mefme
La touche plus en ce moment
Que ce que luy dit fon Amant.

Sçauoir s'il eſt vray qu'on ayme mieux apres les
reconciliations, & pourquoy

Apres les racommodements
On voit croiſtre touſiours la flamme des Amants
Et fe furpaſſer elle-mefme,
Nous l'auons cent fois eſprouuè;
C'eſt qu'on auoit perdu quelque temps ce qu'on ayme,
Et qu'on eſt trop heureux de l'auoir retrouuè.

Si vn Amant, rompant auec fa Maiſtreſſe, doit redemander ce qu'il luy a donné, ou fi elle le doit
rendre.

Alors qu'vn commerce amoureux
Finit enfin auec rudeſſe,
Si l'Amant du_temps de fes feux
A fait des dons à fa Maiſtreſſe,
Il ne doit rien redemander,
Ni la Maiſtreſſe rien garder.

Si tous les goufts en amour font femblables

Chacun ayme à fa guife,
Adorable Belife,
L'vn veut aymer, mais chaftement,
L'autre, fans s'attacher, veut de l'emportement;
Tous ces gens-là prennent l'amour à gauche
Et luy donnent vn mauuais tour,
Il ne faut pas aymer pour la feule defbauche,
Belife, il faut mefler là defbauche à l'amour.

Si l'on peut toufiours aymer l'obiet qui nous a charmé

Encor qu'il foit prefque impoffible
D'eftre d'vn mefme obiet toufiours fort amoureux,
Il faut pourtant, pour eftre heureux,
Alors que l'on deuient fenfible,
Il faut, & c'eft vn grand fecours,
Croire qu'on l'aymera toufiours.

Comment vne Dame doit agir pour plaire à fon
Amant

Il faut qu'vne Maiftreffe honnefte
Ait, pour eftre felon mon cœur,
De l'emportement tefte à tefte,
Par tout aillieurs de la pudeur;

Que les aparences foient belles,
Car l'on ne iuge que par elles.

Combien doiuent durer les fouffrances d'vn Amant

Tant que fans eftre aymez nous ne fommes qu'Amants,
C'eft à nous à fouffrir mille & mille tourmants :
Mais apres que noftre Maiftreffe
A pris pour nous de la tendreffe,
Tous les foins doiuent eftre efgaux,
De mefme que les biens on partage les maux.

Par quels moyens l'Amour fe foutient & fe conferve

Alors que vous vous parlerez
Dans tout ce que vous vous direz,
Amants, pas vn mot de rudeffe,
Ni dans voftre ton point d'aigreur :
Car l'amour naift par la tendreffe
Et s'entretient par la douceur.

Sur le mefme fujet

Si vous voulez, Amants, que voftre affaire dure,
Ne vous relafchez point dans la profperité,
Et pour amufer la nature
Qui fe plaift à la nouueauté,

Recommencez toufiours iufques aux bagatelles;
En Amour, c'eft la verité,
Les recommencemens valent chofes nouuelles.

De quelle maniere l'Amour fe rend les Amants
tributaires

L'Amour ne pert rien de fes droits,
On luy doit aux adieux des foupirs & des larmes,
Et quand deux Amants quelques fois
Se font, en fe quittant, defguifé leurs alarmes,
Il tire, en redoublant leurs mortels defplaifirs,
Vn tribut plus amer de pleurs & de foupirs.

A quoy le déguifement des Amants eft fujet

Qui ment à ce qu'il ayme eft fort mal à fon aife,
S'il n'a point à l'honneur encor tourné le dos,
Les vrays Amants qui font chofes mal à propos
Sont fuiets à la feinderefe
Auffi bien que les vrays deuots.

Si l'affiduité aupres d'vne Maiftreffe eft neceffaire

La longue abfence en amour ne vaut rien,
Mais fi tu veux que ton feu s'eternife,
Il faut feruir & quitter par reprife :
Vn peu d'abfence fait grand bien.

Si vn Amant doit eftre refpectueux auprés de fa
Maiftreffe ou s'il luy doit defcouurir fon feu

Il faut auoir prez d'vne Dame
Autant de refpect que d'ardeur,
Puifque c'eft le moyen de poffeder fon ame
Et d'eftre en peu de temps le maiftre de fon cœur.

Si vn Amant doit faire quelque prefent à fa Dame
auant que d'en auoir reçeu quelque faueur

Qui me vendra la derniere faueur
N'aura iamais mon cœur :
Mais apres auoir eu dix faueurs de Carite
Par la force de mon merite,
Si cette belle auoit befoin
Ou de mon bien ou de ma vie,
Ie n'aurois pas de plus grand foin
Que de contenter fon enuie.
Les Amants fur ce point font comme les Chartreux,
Tout doit eftre commun entr'eux.

Iufqu'où vne Dame doit eftre fenfible à l'Amour

Pour eftre vne Maiftreffe aimable
Il faut que voftre flamme augmente nuit & iour,
Et l'excez, ailleurs condamnable,
Eft la mefure raifonnable
Que l'on doit donner à l'Amour.

Sur le mefme fujet

Vous me dites que voftre feu
Eft affez grand, belle Climene,
Vous ignorez donc, inhumaine,
Qu'en amour affez c'eft trop peu,
Cependant la chofe eft certaine;
Et fi fur ce fuiet l'on croit les plus fenfez
Quand on n'ayme pas trop on n'ayme pas affez.

S'il eft plus auantageux d'éftre cocu fans le fçauoir,
que de ne l'eftre pas & croire l'eftre

Le cocuage n'eftant rien
Qu'vne douleur imaginaire,
Il ne nous fait ni mal ni bien
Quand on vous en fait vn miftere;
Et de cette façon ie tiens qu'il eft plus doux
D'eftre cocu qu'eftre ialoux.

S'il eft plus auantageux d'efpoufer vne femme Coquette
que d'en prendre vne Deuote

Vous tenez la deuotion,
A ce qui m'en paroift, vne affaire affez fotte,
Quand vous mettez en queftion
La Coquette auec la Deuote,

Cependant vous auez raifon;
Et pour moy, fans comparaifon,
J'aymerois beaucoup mieux efpoufer la Coquette.
Quand vne fois vne Menette
S'eft mis dedans l'efprit qu'elle a de la vertu,
La morgue en eft infuportable;
Elle croit à fes pieds tout l'enfer abbatu,
Et, la plus part du temps, elle-mefme eft vn diable
Qui nous tourmente au lict & nous damne à la table
Auecque fon efprit rabâjoie & pointu.
La Coquette eft bien plus traitable;
Il eft vray que l'on court danger d'eftre cocu,
Mais, tout conté, tout rabatu,
Ie trouue moins defagreable
D'eftre cocu qu'eftre batu.

S'il faut eftre ialoux pour bien aymer

Ie trouue que c'eft vne erreur
De croire que la ialoufie
Prouue la tendreffe d'vn cœur;
Elle prouue pluftoft beaucoup de fantaifie.

Lequel eft le plus fafcheux, perdre fa Maiftreffe par fa
mort ou par fa legereté

Il eft toufiours fafcheux de perdre fa Maiftreffe,
Et de quelque façon qu'on reçoiue du fort

Vn coup auſſi plein de rudeſſe,
Que ce ſoit ſon trepas, que ce ſoit ſa foibleſſe
Qui nous cauſe cette triſteſſe,
C'eſt le coup le plus vif & le coup le plus fort
Qui puiſſe attaquer ſa tendreſſe.
Mais enfin, ſelon moy, la mort a touſiours tort,
Car, quelque douleur qui nous bleſſe,
On remedie à tout ſi ce n'eſt à la mort.

Lequel donne plus de peine de cacher ſon amour ou de
feindre d'aymer

Vn cœur a bien à ſe contraindre
Quand il veut cacher ſon amour,
Mais le penſez-vous moins à plaindre
Quand il faut qu'il s'applique à feindre
Et qu'il ſoupire tout le iour,
Lors que rien ne l'émeut & que rien ne l'inſpire ;
Ah ! ne balancez pas, le dernier eſt le pire.

Quelles faueurs ſont plus agreables, de celles que l'on
nous accorde ſans peine ou de celles que l'on deſ-
robe.

Banniſſez de l'Amour le vol & le miſtere,
Adieu tout le trafic que l'on fait à Cythere
De tendreſſes & de faueurs,
Tant de facilité gâte touſiours l'affaire ;

Il faut par-cy, par-là, quelques brins de rigueurs,
Meſtez-en parmy vos douceurs,
Belle Iris, quand vous voudrez plaire,
Mais n'en mettez pas trop, ayez la main legere.

Lequel eſt le plus facheux de ne reçeuuoir point de
faueurs, ou de les reçeuoir moindres qu'on les croit
meriter

> *Iris, ſi ie vous entens bien,*
> *Voicy la queſtion, ie penſe,*
> *Si ie mets quelque difference*
> *Entre auoir quelque choſe ou rien ;*
> *La belle queſtion de chien !*

Si la preſence de ce qu'on ayme cauſe plus de ioye que
les marques de ſon indifference ne donne de peine

C'eſt vn tourment d'aymer ſans eſtre aymé de même,
Mais pour vn bel obiet, quand l'amour eſt extrême,
Quels que ſoient les regards ils ſont touſiours charmants,
Et, ſi l'on s'en rapporte à tous les vrays Amants,
C'eſt vn plaiſir ſi doux de voir ce que l'on ayme
Qu'il doit faire oublier les plus cruels tourments.

De l'embarras où se trouüe vne personne quand son
cœur tient vn party, & la raison vn autre

On ne peut exprimer le trouble où l'on s'expose
Lors qu'en aymant le cœur prend vn party
    Ou la raison s'oppose ;
    Souuent cette cruelle est cause
Qu'vn se repent de s'estre assuietty
Aux douces loix qu'vn tendre amour impose :
    Mais, enfin, quoy qu'on se propose,
L'on se repent tousiours de s'estre repenty.

Si l'on doit haïr quelqu'vn de ce qu'il nous plaist trop,
quand nous ne pouuons luy plaire

Quand ce qui nous plaist trop ne sent point nostre peine,
Que pour toucher vn cœur nostre tendresse est vaine
    Et qu'on voit que rien ne l'émeut,
    Pour se venger d'vne inhumaine
Doutez-vous si l'on doit aller iusqu'a la hayne :
Ah ! sans doute on le doit & le depit le veut,
    Mais ie ne sçay si l'on le peut.

S'il eſt plus doux d'aymer vne perſonne dont le cœur
eſt preoccupé, qu'vne autre dont le cœur eſt inſenſible.

Il n'eſt point de meſpris qui ne ſoit rigoureux,
Mais c'eſt vn moindre mal de ſe voir amoureux
  D'vne beauté, pour tous inexorable,
  Que d'vn obiet qui bruſle d'autres feux.
La gloire eſt grande à vaincre vne inſenſible aymable,
Et du moins en l'aymant, ſi l'on eſt miſerable,
  On n'a point de Riual heureux.

Si le merite d'eſtre aymé doit recompenſer du chagrin
   de ne l'eſtre pas

Quand d'vn cœur qu'on attaque on manque la victoire
Ce qu'on a de merite a beau paroiſtre au iour,
Le merite ſuffit pour contenter la gloire,
Mais il ne ſuffit pas pour contenter l'amour.

Lequel eſt le plus malheureux d'vn Amant abſent &
  aymé, ou d'vn preſent & mal traicté

 Lors qu'on ayme tendrement
  Et que l'on eſt aymé de meſme,
Il n'eſt rien plus faſcheux qu'vn triſte eſloignement
Sur tout quand vn Riual eſt pres de ce qu'on ayme,

Bien qu'il en foit traité peu fauorablement;
Cependant, quelqu'ennuy que l'abfence nous caufe,
Ne deuft-elle finir qu'au bout du Iugement,
  Par ouïr dire feulement,
  Eftre aymé tendrement
  Eft vne douce chofe.

LES LOIX D'AMOVR

~~~~~

IL n'eſt point de Roy qui ſoit tant abſolu dans ſon Royaume que l'Amour; qui reſte dans ſon Empire ſans obſeruer ſes loix ſe deſtruit par ſoy-meſme, & reçoit la punition duë à ſon crime. S'embarque donc qui voudra ſous ſon regne, pourueu qu'on ſuiue ſes ordres; il felicitera ſes ſujets de gloire, il les couronnera de fleurs : mais ceux y contreuenant, il les chargera d'eſpines, de chagrins, de remords, & de douleurs cuiſantes. Enfin, voicy ſes loix :

~~~~~~

4

LOY PREMIERE

—

CONTRE LES FAVX AMANTS

T Out blondin qui court la ruelle,
Et qui fait le fin foûpirant
Près la laide comme la belle
N'a que le faux tiltre d'Amant :
Ie veux qu'en chaque compagnie,
Comme vn objet d'ignominie,
Il foit balotté deformais,
Et que loin d'y trouuer fon compte,
Les femmes, le couurant de honte,
Le priuent d'y rentrer iamais.

LOY SECONDE

AVX FIDELLES

IE veux qu'vn cœur vrayment atteint
Du beau feu qui brufle les ames
Soit efcouté quand il fe plaint,
Et que l'on foulage fes flammes :
Ie veux que mefme paffion
Suiue fon inclination,
Qu'on luy rende mefmes tendreffes ;
Alors, tous vnis deux à deux,
Ie leur feray mille careffes
Dedans mon empire amoureux.

LOY TROISIESME

—

COMME DOIVENT AGIR LES CONDITIONS DIFFERENTES

COmme pour charmer la Bergere,
Afin de s'en rendre vainqueur,
Il faut iouër ſur la fougere
Et des yeux luy gagner le cœur,
Par cette meſme conſequence
L'autre ſexe fera l'auance,
Ie le veux & l'ordonne ainſi.
Qu'aux ſoûmis les plus belles Dames
Faſſent vn debit de leurs flammes,
Alors, pour noyer leur ſoucy,
Le ſoûmis, tout remply de gloire,
Fera connoiſtre chaque iour
Qu'il n'eſt point plus douce victoire
Que celle que donne l'Amour.

LOY QVATRIESME

—

PERMISSION GENERALE

R Ien n'eſt contraint ſous mon empire,
I'entens qu'on ayme qui l'on veut,
Et qu'on apprenne ſon martyre
Quand le bon ſentiment eſmeut :
Il ne trouueray point eſtrange
Que l'on ſe quitte ou que l'on change,
Pourueu qu'on ſorte bons amis
Et que, par accord des parties,
Les flammes eſtant amorties,
L'on faſſe nouueaux compromis ;
C'eſt là que brille ma puiſſance,
Ie n'ayme que le changement,
Mais i'eſtime pourtant l'Amant
Qui vit dans la perſeuerance.

LOY CINQVIESME

—

AVX AMANTS ET AMANTES

I E veux qu'on se cache si bien,
   Nourriſſant ſes flammes ſecrettes,
Que les maris n'aprennent rien
Des réciproques amourettes :
Ie veux que, ſous de feints meſpris,
L'on s'aſſure dans leurs eſprits,
Et, pour vaincre le ſoin extrême
De ce qu'on peut tant dire à part,
Qu'à toute autre on parle à l'eſcart
Comme on fait à l'objet qu'on ayme.
Eſcoutez, filles & garçons,
Suiuez mes loix & mes leçons,
Regardez à ce que vous faites,
Hommes, femmes, vefues, galans,
Couurez vos feux de ces talans
Et ſoyez diſcrets & diſcrettes ;
Lors, ménageant les cœurs offerts,
Mes paradis vous ſont ouuerts.

LOY SIXIESME

—

AVX INGRATS

I E veux quiconque ofera dire
Ou fe vanter d'vne faueur
Qu'il foit bany de mon empire
Et qu'on luy déchire le cœur :
Ie veux que le remords l'accable
Et que, viuant en miferable,
Rien ne le puiffe confoler,
Que les Dames en ma cohuë
Luy percent la langue & la veuë,
Le priuant de voir ni parler,
Et que, d'vne rigueur plus forte,
Iufqu'où la colere les porte
Elles fe beignent dans leur fein.
Alors de leur belle entreprife,
D'vn rare & fi noble deffein,
La grace leur fera remife
Que de tout temps ie leur ay promife
Contre des honneurs l'affaffin.

LOY SEPTIESME

—

I E deffends *sur tout la tristesse,*
Car quand on est bien amoureux
Faire le chagrin langoureux
Ne charme point vne Maistresse :
Ie veux qu'on soit sage & hardy,
Et que, sans faire l'estourdy,
L'on sçache captiuer vne ame ;
Qu'enfin par mille petits soins,
Loin des argus & des tesmoins,
L'on fasse connoistre sa flamme,
Et que le langage des yeux,
Malgré l'esprit des enuieux,
Soit l'interprete des pensées.
Montrer tout fort, rien de leger,
Prendre au bond l'heure du Berger,
N'auoir point l'ame interessée,
Ne se vanter iamais de rien,
Estre discret dans l'entretien,

Parler obligeamment des belles,
Iurer viure touſiours conſtant,
Voilà les clauſes plus fidelles
Qui mettent en grace vn Galant.

~~~~~~

LOY HVICTIESME

—

POVR S'Y MAINTENIR

I E veux qu'on ſoit de belle humeur
  Pour ſe conſeruer en faueur,
Que les billets doux pour la belle
Ne different point, chaque iour,
D'aller annoncer la nouuelle
D'vne augmentation d'amour :
Que l'on agiſſe auec franchiſe,
Que l'on s'entende en mots couuerts
Afin d'éuiter la ſurpriſe
De ces charmans billets ouuerts

Sous les noms d'Alcandre & Syluie;
Que le Sonnet & le Rondeau
Chantent qu'il n'eſt rien de ſi beau
Qu'vne amoureuſe & douce vie,
Que l'on recherche pour preſents
Tous les bijous les plus galants,
Que l'on en donne en abondance,
Que l'on donne auec des violons
De ſuperbes colations;
Toute cette magnificence
Ie promets à qui la fera
Qu'il charmera mille Climeines,
Que ſes Riuaux il vainquera
Et qu'on couronnera ſes peines.

LOY NEVFIESME

—

AVX INTERRESSEZ

I 'Ay condamné par mes Arreſts
Ceux qui me font mille carreſſes
Et qui, ſous couleur d'intereſts,
Semblent montrer quelques tendreſſes;

Et pour iustes punitions
De leurs auides paſſions,
Ie veux que dans la meſme année
Ils y rencontrent deux Eſtez,
Qu'aux maux leur chair abandonnée
Se fleſtriſſe de tous coſtez.
Ie deteſte le Mercenaire,
Car de ma couronne d'amour
L'intereſt qui voudroit tout faire
M'en depoſſederoit vn iour :
Ie n'admets dedans mon empire
Que des gens qui cherchent les lieux
Pour follaſtrer, danſer & rire,
Et qui, du langage des yeux,
Viennent à celuy de ſe dire :
Eſcartons-nous des enuieux.
Alors l'ardeur qui les inſpire
Me fait gliſſer entre les deux,
Et dans le fleuue de deſire
Ie fais ſouuent baigner leurs feux.

PROMESSES DE L'AMOVR

I E promets aux Amants fidelles,
Lors qu'ils espereront en moy
Et qu'ils viuront dessous ma loy,
De leur soûmettre les plus belles : ,
Rien ne me sçauroit resister,
De l'arc ie sçai tout arrester,
Bon gré malgré, la plus seuere
Vient enfin me donner adueu
Et dire, embrasée de mon feu,
Que ie suis vn Dieu qu'on reuere
Quand on est vny deux à deux.
Tout rit en mon regne amoureux,
La douceur des Lis & des Roses
Y gardent leur force en tout temps,
On n'y voit rien que des Printemps
Y produire de belles choses,

L'air reſpand les douces odeurs
De mille differentes fleurs
Que pour les fidelles ie donne,
Et, parmy mon diuin ſeiour,
Chacun en porte vne couronne
Quand il fuit les loix de l'Amour.

De Vald.....

LETTRE

A MADEMOISELLE DU B...

~~~~~~

Q Velque peu de chemin qu'il y ait de Roüen
chez vous, il m'y arriua hier, en y venant,
aſſez d'auantures pour compoſer vne ample rela-
tion, ſi ie pouuois eſcrire auec la meſme facilité
que i'ay fait autrefois,

> *Et ſi ma muſe chetiue,*
> *Succombant ſous mille ennuis*
> *Qui la retiennent captiue,*
> *N'auoit fàit banqueroute à tous ioyeux deuis.*

Cependant, quelque mal diſpoſée qu'elle ſoit,
quand ce ne ſeroit qu'en reuanche du bon office

que vous me rendiftes l'autre iour, en me procu-
rant l'honneur de la connoiffance de Madame la
Prefidente & de Mademoifelle B...., dont ie
m'eftime infiniment voftre redeuable, il faut que
ie face vn effort & que ie tafche de vous conftruire
cette peinture recreatiue pour vous diuertir.

Si vous vous aperçeutes hier
Comme quoy le fougueux Eole
Couroit de l'vn à l'autre pole
Sur fon plus rapide courfier,

Lors que vous fçaurez de plus, & c'eft vn
endroit tout à fait effentiel à l'hiftoire,

Que, pour venir de Roüen à la Boüille,
Vn tres fafcheux & tres contraire vent,
Qui d'vn Caton auroit mis l'efprit en bredoüille,
Eftoit planté directement deuant ;
Et, pour conclufion, quand vous ferez inftruitte
Que de vos ruftres bateliers
L'engeance brutalle & maudite,
Iufques aux plus hardis voiliers,
Ne faifoient compte de mes offres,
Euffay-ie eu d'or tout plein mes coffres,
Quoy que ie peuffe ménager,
Ne voulut jamais s'engager

A se charger de ma personne,
Tant les aquillonnes fureurs
Auoient dans leur ame poltronne
Ietté de paniques terreurs,

Toutes ces choses bien & deüment considerées, & que, ne pouuant remettre aucunement mon départ, il falloit que ie m'acheminasse de quelque maniere que ce fut, vous ne trouuerez pas mauuais que ie vous dise

Que toute ma resource en ce rencontre fut
En l'vnique basteau que le Boüillard on nomme,
Et bien qu'en ce basteau, des basteaux le rebut
Tant il est sale & qu'il y put,
Il ne soit si chetif ni si mal'heureux homme
Qui ne fut pour deux fois introduit but à but
Auec vn empereur de Rome,
Sautant dedans sans barquigner
Courageusement ie m'embarque,
Et (chose digne de remarque)
Ce fut mesme sans rechigner :
Mais, par vn contre temps bizare,
A peine eut on crié : Démare,
Boutte dehors, tire à l'escart,

Et dit maints autres mots encore
Que voſtre ſeruiteur ignore
Pour eſtre des termes de l'art,
Que, frapé iuſqu'au fond de l'ame,
Peu s'en faut que ie ne me paſme :
Et ie deuins foible à tel poinƈt,
Que ie meure (& ie ne ments point)
Ie crus que i'en auois dans l'aiſle ;
Et i'eſtois en grand deſaroy
Sans qu'vne honneſte Damoiſelle
Se vint aſſeoir aupres de moy.
Son air eſtoit modeſte & coy,
Sa contenance droite & belle,
Et ie trouuay ie ne ſçay quóy
Au mouuement de ſa prunelle
Par où, malgré tout mon eſmoy,
Mon cœur rentrant ſoudain en ſoy
Reprit vne vigueur nouuelle :
Mais quand la courtoiſe Donzelle
M'eut, apres vn mignard ſoury,
Dit bon iour d'vn ton radoucy,
Et qu'à mon tour, faiſant comme elle,
Ie luy eus dit bon iour auſſi,
En moins de rien la vapeur ſombre
Qui m'enuelopoit le cerueau
S'eſuanoüit ainſi que l'ombre

Deuant vn Soleil clair & beau,
Aux plus beaux iours du renouueau;
Et, par l'entretien fauorable
De cette nymphe fecourable,
I'admire ce prompt houruary
D'vn eftat affez miferable,
En moins de rien ie me reuy
Plus efueillé qu'vne foury.

Souffrez qu'en quittant la rime vn moment,
pour me delaffer tant foit peu, ie vous demande
quel iugement vous ferez d'vn changement fi
brufque,

Et qu'humblement ie vous coniure
De me dire, fans façonner,
Tout ce que l'on doit raifonner
Sur vne femblable auanture;
Ne l'imputez pas toutes fois
A ces furprenantes œillades
Par où l'Amour, en faux Narquois,
Pour ranger les cœurs fous fes loix,
Leur va dreffant des embufcades.
Ie puis vous affurer fans fard
Que de cette metamorphofe
Il ne fut la fin ni la caufe,

Et qu'il n'y eut aucune part;
Et moy-mefme, fans impofture,
Ce que ie pourrois en conclure
C'eft qu'aymant naturellement
Tout ce que Madame nature
A fait d'aymable & de charmant,
Et que voftre fexe adorable
Plus que toute chofe eft aymable,
Si, dedans cette occafion,
Ie bannis fi-toft la trifteffe
Dont la cruelle inuafion
M'auoit accablé de détreffe
Et priué de toute allegreffe,
Ie deubs cet heureux changement
A voftre fexe feulement.

Auffi, voulant faire mon profit de la conionĉture, & quittant le liure que j'auois pris chez vous pour me defennuier, & l'ancienne Aftreé pour cette moderne, ie me reduifis à fon entretien purement. Et, nonobftant les diuerfes & tres fafcheufes exhalaifõs qui tres frequemment nous venoient attaquer l'odorat, auec d'autant plus de fupercherie quelles fe faifoient pluftoft fentir qu'entendre, ie paffay des moments affez agreables dãs cette conuerfation : Mais, fi i'en tiray quelqu'auantage

& fi ie fus édifié de la Demoifelle, ie puis me
vanter qu'elle ne le fut pas moins du feruice que
ie luy rendis à mefme occafion, car vn orage
furieux eftant furuenu tout à coup, & n'ayant
rien pour s'en garantir, elle fut fort aife de parta-
ger mon cafaquin,

> *Et s'aprochant de moy fans façon ni fcrupule,*
> *Tout le plus pres qu'elle pouuoit,*
> *Suiuant que plus ou moins il grefloit & pleuuoit,*
> *Ie luy conferuay fans macule*
> *Vn habit tout neuf qu'elle auoit.*

Il eft vray que ie ne pris ce foin que iufques à
la Boüille où, iettant, comme on dit, mon chapeau par deffus les moulins, ie ne fçay ce que la
belle deuint : parce que chacun s'eftant feparé
pour fe pouruoir de quelque monture, & qu'il
eftoit extrêmement tard, ie ne fongeay plus qu'à
cela. Mais quelle furprife fut la mienne, & de
quelle colere ne fus-ie point faifi lors que i'apris
que ce monftrueux animal, par lequel Madame
voftre mere m'auoit enuoyé fa bidette, laffé de
m'attendre, s'en eftoit reuenu tout feul. Et quand,
pour comble de difgrace, apres maintes perquifitions
inutiles pour trouuer quelque mefchand cheual,

Ie fus réduit à la mazette
D'vn arabe de boulenger,
Qui, profittant de l'entrefaite,
N'eut point honte d'en exiger
Vn tres-exorbitant ſalaire ;
Si ie peſté contre le frere
De voſtre compere Geruais,
(Car ce fut ce vilain punais
Qui me fit cette belle affaire),
Ie vous le laiſſe à preſumer :
Ah ! ſi ieuſſe peû l'aſſommer
Et le mettre en piece ſur l'heure,
Ouy, ie l'aurois fait, ou ie meure.
Bref, deſſus mon petit da da
Qui jamais bride ne brida
Et qui n'auoit qu'vn pied d'eſchine,
Tout bellement ie m'achemine
Et non ſans trauail exceſſif,
Comme il eſtoit vn peû pouſſif
Et quelquesfois d'humeur retiue.
Enfin à la poſte i'arriue
Croyant indubitablement
Y trouuer quelqu'allegement,
Mais que l'humanité chetiue
Se flate & ſe trompe aiſément !
Et que tout le raiſonnement

De noſtre ame contemplatiue,
Quand elle eſt par trop preſomptiue,
Aboutit fort communément
A choſe peu recreatiue !
Dans ladite poſte arriué
Et preſumant d'eſtre ſauué,
Pour nouuelle deſconuenuë
L'on me déclare, à ma venuë,
Qu'il n'y auoit point de cheuaux
Hors deux malingres, tout deſchaux,
Plus propres à l'eſcorcherie
Qu'à garder dans vne eſcurie.
Ce fut là, veritablement,
Que ie reſtai ſans mouuement;
Puis, d'vne voix terrible & forte,
Dans la fureur qui me tranſporte :
Iuſte ciel ! m'eſcriay-ie alors,
Que vous a fait mon pauure corps
Pour le maltraiter de la ſorte ?
Mais ma voix en l'air ſe perdit
Et le ciel rien ne reſpondit,
Si bien qu'eſtant peine perduë
De faire ainſi le paladin,
Ie crus qu'il valloit mieux enfin
Laiſſer r'aſſeoir ma bile eſmeuë.
Ie me tûs donc &, par ainſi,
Ma muſe va ſe taire auſſi.

Ce n'eſt pas que ie n'euſſe encor aſſez de matiere
pour n'en demeurer pas là, car il me reſteroit à
vous dire qu'apres que ie me fus determiné à tout,
& reſolu d'attendre que les cheuaux qui eſtoient
allez. courir reuinſent, comme ie demandé à me
rafraiſchir d'vn trait de vin, faute de meilleure
occupation, & s'il n'y auoit point quelque liơ ſur
lequel ie puſſe me repoſer vn peu : « Quant au
rafraichiſſement, me repliqua la feruãte, il n'y a
brin de vin ceans, ie n'auons que de la beſſon ; &
pour des liơts, il n'y en a que pour le maiſtre & la
maiſtreſſe, & may qui ne couche point auec les
queualiers. » De ſorte que i'eſtois pour paſſer ma
nuiơt fort incommodément ſans le retour de deux
eſpeces de bindettes, ſur leſquelles ie me rendis
enfin chez vous à minuiơt. Voyla la cataſtrophe
de mon hiſtoire ; ſi ie ne vous l'ay faite auec
autant d'art & d'ornement que ie l'aurois ſouhaitté,
pour l'amour de vous & pour l'amour de moy, ie
vous aſſure que vous ne m'en deuez point faire
de reproche, excepté que ie me ſuis vn peu
preſſé, car i'ay mis tous mes plus beaux mots en
vſage,

Et ſans faire le glorieux
Ni me piquer d'eſtre vn doơleur en rime,

Puis qu'enfin ce n'eft pas vn crime
D'eftre ignorant & peu facetieux,
Ie veux bien auoüer, comme il eft legitime,
Que i'ay fait cecy de mon mieux.

I'ay la main fi laffe que ie n'en puis plus. Il
faut pourtant que i'affure Mademoifelle M... de
mes feruices, &, fi vous auez agreable de faire
paffer le compliment jufqu'à voftre voyfinage,
voire mefme jufques chez Madame la P. B., vous
n'obligerez pas vn ingrat, ains vn tres-humble &
tres-obeïffant feruiteur.

De la R...

LETTRE

~~~~~~~~

Que ie ferois du fanfaron
   Si i'auois de l'Abbé Scaron
Non ſa taille ni ſon alleure,
Son portrait ni ſon encoleure;
Non ſa table ni ſon miroir,
Non ſon eſtuy ni ſon raſoir;
Non ſa chaiſe ni ſa lictiere,
Non ſon eſpée ni ſa rapiere;
Non ſon cachet ni ſon burin,
Sa fluſte ni ſon tabourin;
Non dame chienne guillemette
Quoy qu'elle ſoit aſſez bien faite,

Non ſa plume ni ſon cornet,
Non ſon chapeau ni ſon bonnet;
Non ſon corps ni ſa maigre eſchine,
Ni ceſte plaiſante machine
Qu'il fiſt pour ſe guinder en haut
Et pour ſauter, tout d'vn plein ſaut,
Dans la chambre de ſa compagne,
Craignant que la liqueur d'Eſpagne
Dont elle buuoit vn petit
Ne luy excitaſt l'appetit,
Et qu'apres vn trop long Careſme
Prenant diſpenſe d'elle-meſme
Auecque ſon proche voiſin,
Ou bien pluſtoſt quelque couſin,
De manger elle n'euſt enuie
Du fruiɛt qu'on appelle de vie,
Cueilly dans vn plaiſant verger
Quand on a l'heure du berger :
Vous entendez bien ceſte choſe
Qu'autrement dire icy ie n'oſe,
Vous l'entendez bien, ſur ma foy,
Et vous l'entendez mieux que moy
Qui n'ay point du tout de fineſſe
Et n'ayme qu'amour & ſimpleſſe.

Mais quoy ! par de trop longs deſtours
I'ay preſque perdu le diſcours
Que i'auois icy à vous dire
Du ſouhait qui me fait eſcrire ;
Ce que donc i'ay tant ſouhaitté
De Scaron plus fort regretté
Que la feüe ſon Eminence,
Quoy qu'il n'euſt pas tant de finance,
Eſt d'auoir, maudit ſoit qui ment,
Autant que luy d'entendement,
Eſt d'auoir de ſa riche veine
Qui de beaux vers fut touſiours pleine
Seulement le poids d'vn eſcu
Pour ne demeurer pas vaincu :
Ie reſpondrois tout d'vne haleine
Sans delay, ſans force & ſans peine,
Non pas en proſe mais en vers,
A l'illuſtre Marquis d'A.
Sans me faire tirer l'oreille ;
I'entreprendrois quelque merueille,
C eſt-à-dire vn diſcours charmant,
En faueur de mon cher Armand,
Genereux, franc, ſage & fidelle,
Des braues le parfait modelle,

Des beaux efprits le plus brillant
Et des amis le plus conftant.
Mais d'où me vient cefte licence ?
Où diable eft allée ma prudence ?
C'eft bien manquer de iugement
D'en vouloir profner dignement,
Craignons pluftoft que l'efprit noftre,
Voulant faire Florès du voftre
Et de tant d'autres qualitez
Dont entre tous vous efclatez,
Ne gafte fi riche matiere,
Et que de ma patte groffiere
Ne forte rien d'affez bien fait
Ni digne d'vn fi beau fujet.
A cela ie n'ay rien à dire,
Ie me tais donc & me retire :
Fait à trente pas de la mer
Où tout ce qu'on boit eft amer,
Sans mon valet ni fans feruante
L'an mil fix cens vn & foixante,
De Iuin le quatriefme du Mois
Si i'ay bien compté par mes doigts.

PORTRAIT DE Mlle C. DV B.

PAR M. L'ABBÉ DE M.

~~~~~~~

Dieu me garde de mentir, & vous de croire tout ce que ie vais dire.

Catin demande ſon portrait,
Et hors ſes mains, ſes bras & ſon viſage,
Ie ne ſçay point comme le reſte eſt fait,
De ſon humeur i'en ſçay peu dauantage;
De plus i'en ſuis tout-à-fait amoureux.
Apres cela, Lecteur tres debonnaire,
Iugez vn peu ſi ie ſçaurois moins faire
Qu'en la peignant faire vn menſonge ou deux.

Ma feuerité neanmoins ne veut point furprendre la voftre, &, de peur de vous tromper, fi vous ne le voulez, les chofes dont vous pourrez douter feront marquées à la marge par vn D. & les fauffes par vne F.

D.

Tout ce qu'on peut nommer iambes ou cuiffes,
Gorge ou tetons, s'il y a quelque vice,
Quoy que ce foit vn doute mal fondé,
Le tout pourtant fera marqué par D.

F.

Tout ce qu'on peut appeller tendre & doux,
Tout ce qu'amour doit exiger de nous
Quand de nos cœurs il fe fait vne fieffe,
Tout en Catin fera marqué F.

Voicy donc le vray de la chofe,

La taille & l'efprit de Catin,
Tout en eft beau, tout en eft fin,
Catin n'eft ni maigre ni graffe,
Elle a des yeux dont la lumiere efface
Tout ce qu'efface vn brillant bien brillant,
Le coup en eft & fier & petillant,
Et le conduit par la mefme mefure
Qu'on voit par tout aux portraits de luxure.

Cependant luxure & Catin
Sont iuſtement mutin contre mutin,
Son nez eſt de ces nez qui ſeuls ont l'auantage
De ne gaſter iamais viſage,
Son front commodement loge ſon grand cerueau,
Ses cheueux ſont tres-bruns, ſon teint tout à fait beau,
Sa lèvre a du corail, ſa langue tres alerte,
Sa bouche rouge & belle eſt aſſez ouuerte
Pour montrer bien de belles dents,
Mais parlons vn peut du dedans.

Apparamment, par tout ce que dit Catin & par
tout ce qu'elle fait, c'eſt vne fort bonne fille,

> *Icy pourtant ie me deſcharge*
> *Par le D. que ie mets en marge*
> *Car ie me deſie aiſément*   **D.**
> *D'vne fille d'entendement.*

Elle a bien les marques d'vne ame genereuſe,
grande, belle, & ſur tout bien indifferente, beaucoup de complaiſance ſans attachement, beaucoup
de feu ſans paſſion, bien de la bonté ſans tendreſſe;
elle gagne tous les cœurs ſans rien perdre du
ſien, elle les conſerue ſans inquietude, elle aime
les gens de ſa teſte ſans que le reſte de ſon corps
s'en apperçoiue.

6

Eſt-ce vice ou ſi c'eſt vertu,
Dis, mon cher Lecteur, qu'en crois-tu ?
Elle ſçait faire vn impromptu,
Elle eſcrit en vers & en proſe,
Elle s'ayme ſur toute choſe;
Et s'ayme autant quand il luy plaiſt
Qu'elle hait ce qui luy deſplaiſt,
C'eſt à dire autant qu'on peut dire :
Mais, eſcoutez, voicy le pire,
Pour ne luy plaire pas bien ſouuent il ne faut
Que le moindre petit defaut.

LA NAISSANCE DE L'AMOVR

STANCES IRRÉGVLIERES

S I l'Amour a de la puiſſance,
   Il la reçoit de noſtre cœur,
Et n'a le tiltre de vainqueur
Que parce qu'on le flaſte au point de ſa naiſſance.

   On peut dire que les amours
   Naiſſent comme de petits ours
   Qui ſont ſans forme & ſans figure,
Mais que leur mere leche auecque tant d'effect
   Que d'vn monſtre de la nature
Par la langue elle en forme vn ouurage parfait.

Vn Amant en fait tout de mefme
Lors que, charmé d'vn doux plaifir,
Il fent au dedans de foy-mefme
Se former vn fimple defir,
Qui d'abord eft plein de foibleffe
Et deuient fort s'il le careffe;
Et quand il eft puiffant il fait paroiftre au iour
Vn fruit que l'on appelle Amour.
Cét Amour en naiffant eft delicat & tendre,
C'eft vn petit enfant dans vn berceau de fleurs
Et de qui l'on ne doit attendre,
Dans ce premier eftat, qu'vn amas de douceurs :
Mais lors qu'il auance dans l'aage
Il eft cruel & plein de rage,
Enfin, lors qu'il vieillit dans le cœur d'vn Amant,
Il y fait vn trifte rauage
Et ne donne que du tourment.

Que fi l'ame eft enfeuelie
Dans cét vnique fouuenir,
Et qu'elle veuille entretenir
Cette ingenieufe folie,
C'eft alors que l'Amour, qui ne deuroit auoir
Que ioye & que plaifir, que douceur & qu'efpoir,
Degenere en melancolie

Qui, par vn enſenſible effort,
Nous oſte la raiſon & nous donne la mort :
Ainſi, loin de iuger qu'vn Amant ſoit volage
  Lors qu'il vient à changer d'amour,
  Il faut croire qu'il eſt bien ſage
  Quand il en change chaque iour.

L'AMOVREVX SANS ARGENT

STANCES

I E ſoupire pour vous, & mon amour eſt tel
  Que iamais vn mortel
Ne conçeut vne ardeur pareille,
Ie mets ma gloire à vous aymer :
  Mais quand il faut donner,
Ma bourſe, trop legere & qui n'a point d'oreille,
Trouue dans cet amour quelque choſe d'amer.

Periſſent les premiers qui dirent qu'vn beau don
  Feroit faire faux bond
A la beauté la plus ſeuere ;
Ces ennemis d'vn pauure Amant
  Redoublent mon tourment,

A leur compte iamais ie ne pourray vous plaire
Puifque l'argent chez moy n'a point d'apartement.

Ces ieunes efuentez donnant à pleines mains
  D'ordinaire font vains,
 Ils le font afin qu'on le fçache;
 La fille auare qui reçoit
  Trop tard s'en aperçoit
Lors que, de fes prefens, il fe forme vne tafche
Qui fait qu'à fes defpens chacun la montre au doigt.
Adorable Philis, ne les fuiuez donc pas
  Pour vendre des appas
 Que vous accorda la nature;
 Si voftre cœur m'eft obligeant,
  Plus ie fuis indigent
Et mieux vous publierez, gueriffant ma bleffure,
Que voftre charité l'aura fait fans argent.

La defpenfe fait bruit, & mon zele parfait
  En redoute l'effeЯ,
 Cachons noftre feu fous fa cendre,
 Philis, il faut mettre nos foins
  A tromper des voifins :
On peint l'Amour aueugle afin de nous aprendre
Que le iour luy defplaift & qu'il fuit les tefmoins.

Si ie vous prefentois vne iupe, vn collet,
Ou quelque bracelet,
Si ie donnois des ferenades,
Si ie faifois fouuent le Bal,
De la naiftroit mon mal :
Car ces petits fatras font des guides-malades
Qui mènent un Amant mourir à l'Hopital.

Si vous aymez les dons, receuez mes difcours
Qui forçeroient des fourds
A prendre pour moy de l'eftime,
Si la profe ne vous plaift pas,
Mes vers ont des appas :
C'eft vn ioly recours qu'vne agreable rime
A qui n'a pas moyen de donner vn repas.

Rendez-moy vos baifers en reçeuant les miens,
Par de fi doux liens
La grace fera mutuelle,
Sans frais l'amour s'entretiendra
Et cela fe fera :
Ainfi que la lumiere allume vne chandelle
Nous donnerons tous deux, mais pas vn n'y perdra.

Voilà ce qui m'en femble, ou fignez cet accord
Ou mon amour eft mort ;

Ie vous cheris mais fans deſpenſe,
Si vous me croyez vn donneur
Conſeruez voſtre honneur :
Car, ſi mon argent ſeul corrompt voſtre innocence
Vous pourrez autre part chercher vn ſuborneur.

STANCE

SVR VNE BELLE HVGVENOTTE

~~~~~~~~

M Algré les voiles les plus sombres,
Vn certain objet tout diuin
Dans l'obscurité de Caluin
Paroist sans noirceurs & sans ombres,
Il semble mesme que l'Amour
L'ayt mise dans son plus beau iour
Pour donner de la ialousie,
Et faire voir dans son bel œil
Les tenebres de l'heresie
Enfanter vn nouueau soleil.

Dans vn aage encor affez tendre
L'on voit ce bel aftre naiffant
Eftre deuenu fi puiffant
Que l'on ne fçauroit s'en deffendre :
Par vn fecret ingenieux
Elle ne parle que des yeux
Et de l'efclat de fon vifage,
Pouuant conuertir en vn iour
Par ce doux & muet langage
Tous les heretiques d'amour.

Les œillades qu'elle dépefche
Pour aneantir cette erreur
Captiuent l'oreille du cœur
Et le font aller à leur prefche ;
Bien que dans fon obfcurité
Elle cache la verité
Rien n'eft à craindre de finiftre,
Car fans s'efcarter de la foy,
Puifque l'Amour eft fon Miniftre,
Vn cœur peut viure fous fa loy.

L'Amour dans vn fi beau vifage
A graué la mefme douceur
Dont l'incomparable blancheur
Luy donne vn brillant auantage ;

Pour conuaincre tous *fes* Amants
Ses yeux font *fes* rai*fonnements*
Dont elle ble*ffe* à l'improui*fle*,
Et l'on verroit Martin Luther
Contre la belle Caluini*fle*
Se rendre au lieu de di*fputer*.

Par *vne* fuprême pui*ffance*
Elle peut en fort peu de temps
O*fler* à tous les Prote*flans*
La liberté de con*fcience* ;
Ses beaux yeux me*fme* quelquesfois,
Contraires à toutes leurs loix,
Leur font honorer *vne* image,
Pui*fque* dans cette douce erreur
Le portrait d'*vn* fi beau vi*fage*
E*fl* adoré dedans le cœur.

Ie croy qu'en la trouuant fi belle
Caluin feroit encrgueilly
De voir *vn* ange-à Queuilly*
Dans le petit troupeau fidelle ;
En effet, c'e*fl* *vne* Brebis
Qui ne peut re*çeuoir* de prix,
Son poil e*fl* doux, elle e*fl* blanchette,
Et me*fme* le plus grand Seigneur

* C'e*fl* le nom du village où les Calui*nifles* de Roüen font l'exercice de leur Religion.

S'abbaisseroit à la houlette
Pour en estre le bon Pasteur.

Ce qui donne sujet de crainte
Est de voir cet agneau si doux
Hurler sans cesse auec les loups
Sans qu'il en ressente l'atteinte :
On l'entend d'vn ton fort deuot
Chanter les Pseaumes de Marot,
Eloigné de la droitte voye;
Mais garde qu'vn loup rauissant
N'attrappe vne si belle pröye
Estant sous vn Pasteur errant.

Malgré ses puissantes lumieres
Son petit Huguenot d'amour
Feint par vn assez bon destour
De n'entendre pas nos prières :
L'on sçait que le seul interest
Est le plus important arrest
Pour vne telle politique,
Car enfin le plus grand Butor
Conuertiroit vne heretique
S'il auoit vne langue d'or.

Par ces plaisantes auantures
L'on voit ses aymables brillants
Prendre le cœur de ses Galants
Pour en faire des confitures :
Elle prodigue ses douceurs
Pour confire ces pauures cœurs
Dans vn si charmant esclauage,
Dont le meslange precieux
Est du sucre de son visage
Cuit aux flammes de ses beaux yeux.

Par vne admirable alliance,
Que l'on voit en toute saison,
La vierge loge en sa maison
Dans le signe de la balance :
L'on mesure auec équité
Le poids & la legereté
Des douceurs que l'on y debite,
L'on en donne & l'on en reçoit,
Mais pour bien peser leur merite
Chaque chose y doit aller droit.

Elle souffre sans repugnance
Que l'on vienne fort gallamment
Tenir chez elle vn Parlement
Où chacun fait voir sa science,

Son bel œil luy sert d'Auocat
Qui, d'vn style assez delicat,
Tasche d'augmenter ses conquestes :
Son esprit, dans cét incident,
Est le Conseiller des Requestes
Et sa langue le President.

Quoy que douce & pleine de charmes,
Par arrest, en dernier ressort,
Elle donne souuent la mort
Se seruans de ses propres armes ;
Si quelqu'vn déplaist à ses yeux
Par vn regard imperieux
Elle execute sa iustice,
Et, quoy qu'elle ayt de la rigueur,
Elle n'a que trop d'artifice
Pour sçauoir menager vn cœur.

On le voit assez dans la ville
Par le nombre de ses galants
Qui viennent offrir leur encens
Aux pieds de cette aymable fille,
Et bien qu'adorant ses appas
Ils suiuent Caluin sur ses pas

Ils en reiettent la science,
Et nous font voir qu'en mesme temps
Ils peuuent estre, en conscience,
Catholiques & Protestans.

STANCES

A VNE DAME QVI ALLOIT·A CONFESSE

~~~~~~~~

P Vifque vous en voulez au Pere Nicolas
Allez luy raconter vos affaires fecrettes,
  Haftez-vous, & ne manquez pas
De vous bien confeffer du mal que vous me faites.

Quand vous ferez tous deux en vn coin retirez
Et qu'alors il faudra luy parler fans fcrupule,
  Voicy ce que vous luy direz
Si vous n'auez deffein de luy ferrer la mulle.

Ie ne puis en détail vous dire mes pechez,
Pour les bien decider i'ay trop peu de memoire,
  Outre qu'ils ne font point cachez
C'eft que i'en diray plus que vous ne fçauriez croire.

Les voicy donc, mon pere, assez confusément :
Depuis le dernier iour que ie fus à confesse
  I'ay fait mourir secrettement
Plus de cent seruiteurs dont i'estois la Maistresse.

La haine & le mépris que i'eus tousiours pour eux
Apres leur mort cruelle en mon cœur se conserue,
  Et i'ay des chaines & des feux
Pour en faire mourir cent autres qui me seruent.

Ces incroyables feux luisent de toutes parts,
Ie brulle des maisons & des villes entieres,
  I'assasine de mes regards,
Et des lieux les plus beaux i'en fais des cimetieres.

I'ay, par mes cruautez, precipité les iours
De mille beaux enfants qui commençoient à naistre,
  Tous ces enfants sont des Amours
Qu'il importe fort peu de vous faire connoistre.

Mais ce qui deuroit bien augmenter mes regrets
C'est qu'ils ne s'employoient qu'à fléchir ma colere,
  Qu'ils estoient soumis & discrets,
Et qu'enfin i'en estois & l'espoir & la mere.

En diuerses façons on a veu mon couroux
S'accroistre & s'obstiner contre des miserables,
    I'ay peuplé l'hospital de fous
Apres auoir peuplé celuy des incurables.

On fait pour m'éuiter des efforts superflus,
I'ay des traits dōt les coups ne se peuuent comprendre,
    Et pour moy ie ne connois plus
Que les seuls Quinze-Vingts qui s'en puissent deffendre.

Ie porte dans les cœurs vn funeste poison
Dont les diuers effets sont dignes de vos larmes,
    Et pour confondre la raison
Ie n'ay qu'à me seruir du moindre de mes charmes.

Mon pere, c'est par eux que ie n'épargne rien,
Qu'on soumet à mes loix sa franchise & sa vie,
    Que de vostre sexe & du mien
I'en ay tant fait mourir & d'amour & d'enuie.

C'est par eux que les fiers & les indifferens
En ont desia fourni d'assez tristes exemples,
    Qu'ils sont morts ou qu'ils sont mourans
Et que i'ay mis en feu les Palais & les Temples.

C'eſt par ce ſort fatal que ie regne en tous lieux
Et que ie fais ſentir ma tirannie extréme,
   Que chacun ſe plaint de mes yeux
Et que vous pourriez biẽ vous en plaindre vous-meſme.

A ces eſtranges maux le Pere épouuenté
Vous dira s'il eſt beau d'exercer ſes vengeances,
   Et ſi c'eſt par la cruauté
Qu'on doit en ces quartiers gaigner les Indulgences.

Ne vous y trompez pas, il eſt temps d'y reſuer,
Preuenez vos malheurs auſſi bien que les noſtres
   Et ſongez que, pour vous ſauuer,
Il faut auecque vous en ſauuer beaucoup d'autres.

Cette neceſſité doit vous ſeruir de loy,
Aymez voſtre prochain, ſoyez-luy ſecourable,
   Mais ſur tout commencez par moy
Et vous commencerez par le plus miſerable.

AVX NYMPHES

DE LA FOREST DE ROVMARE

POVR

VENIR RENDRE HOMMAGE A LEVR REYNE

~~~

STANCES

V Enez, Nimphes de ces bocages,
Rendre vos fidelles hommages
A la reyne de Canteleu,
Demeurez d'accord auprez d'elle
Que nulle de vous n'eſt ſi belle
Ni n'a tant d'eſprit ni de feu.

Cedez pour taille ſans pareille
Le prix à la ieane merueille

Qu'on voit-briller dans ce chaſteau,
Et quoy que vous ſoyez diuines,
N'oſez pas vous titrer, mutines,
De poſſeder vn teint ſi beau.

Dites-luy que la grace meſme
Ne fait point voir vn air ſupreſme,
Ni des léures d'vn tel corail,
Ni des dents d'vn plus bel yuoire,
Ni mieux porter l'illuſtre gloire,
Ni ſa blancheur d'vn tel eſmail.

Mais pour luy faire vne viſite
Ne penſez pas en eſtre quitte,
Faites-luy touſiours voſtre cour;
Apprenez-luy les chanſonnettes
Que vous chantez ſur vos muſettes
Lors que les Dieux vous font l'amour.

N'y venez pas, Amadriettes,
Que vous n'ayez de vos fleurettes
Fait vn cordon riche & noüueau,
I'entens vous dire vne couronne :
Car pour cette aymable perſonne
L'on ne peut rien faire trop beau.

Si le chaud, de mesme qu'aux nostres,
Auoit trop desseché les vostres,
Pour cela ne retardez pas,
Vous en pourez composer vne
D'vne qualité non commune
Des fleurs qui naissent sous ses pas.

De V.

AVIS

A DEVX BELLES BAIGNEVSES

MADRIGAL

ON dit que le Dieu de la Seine,
Charmé d'auoir veu tant d'appas,
A couru tout en feu vers la Samaritaine
Et qu'on l'a veu ietter mains foupirs, mains helas;
J'apprehende quelque furprife,
Tout doit eftre fuſpect où domine l'Amour,
Quand vne Nymphe eft en chemife
Vn Dieu peut aifement luy faire vn mauuais tour.

Par Mr. D. M. C.

SONNET

Ieune & brillante Iris, que ie vous trouue à craindre !
Pour m'eſtre haſardé de vous voir vn moment
Mon ame va payer ce plaiſir cherement,
Et ie ſens naiſtre vn feu que rien ne peut eſteindre.

A quoy pretendez-vous de nouueau me contraindre,
Moy, qui ne ſongois plus à l'amoureux tourment ?
Auec mes cheueux ie redeuiens Amant
Ieune & brillante Iris, que ie me trouue à plaindre !

M'engager à ſeruir l'obiet qui m'a charmé
Quand ie ne me voy plus en eſtat d'eſtre aymé,
C'eſt donner à ma vie vne atteinte mortelle :

Mais, malgré ce qu'on doit à vos diuins appas,
Si vous vous contentiez d'vn cœur tendre & fidelle
Ie ne me plaindrois plus & ne vous craindrois pas.

De T.

SONNET

IE ne me flatte plus du secours de l'absense,
Elle augmente mon mal au lieu de le guerir,
Au seruice d'Iris il faut viure & mourir,
Et contre tant d'appas mon ame est sans deffense.

Impuissante raison, vous gardez le silence
Ou vous ne me parlez qu'afin de me trahir,
Vous approuuez mon feu, loin de me secourir,
Et vous autorisez sa douce violence.

En quel estrange mal me trouueige reduit!
Chez moy contre moy-mesme Amour a tout seduit,
Mon cœur en soupirant me presse de me rendre.

Abandonné de tout en cette extremité,
Helas! de quel plaisir me verrois-ie surprendre
Si la pitié rangeoit Iris de mon costé.

Du mesme.

SONNET

Lᴙ Yſis, ie ſuis bleſſé par vne brune fiere
Qui m'oſte le repos pendant toute la nuiɑ̃,
l'éuite en vain ſes traits, ſa rigueur qui me ſuit
Vient touſiours m'empeſcher de fermer la paupière.

Mon eſprit eſt priué de ſa paix couſtumiere,
Sans ceſſe ie me plains, & ie me ſens reduit
De m'agiter ſouuent au milieu de mon liɑ̃,
Souhaittant de reuoir au pluſtoſt la lumiere.

Mais le iour, l'inhumaine en mon ſein vient loger
Et par ſes dards puiſſans ne fait que m'outrager;
Où peut-on iamais voir de peine plus cruelle?

Tu crois d'abord, Lyſis, que de tout ce tourment
On ne peut accuſer qu'vne belle pucelle,
Mais vne puce en eſt la cauſe ſeulement.

SONNET

C'Eſt en vain qu'on pretend que, changeant de
  ſéiour,
L'on en eſt moins reſueur, chagrin & ſolitaire,
Le lieu le plus charmant ne pouuant que deſplaire
Quand l'on n'y trouue pas l'obiet de ſon amour.

C'eſt en vain qu'on y voit le Printemps de retour,
Comme cette ſaiſon ne nous y touche guere,
Le plus affreux Hyuer n'a pour nous rien d'auſtere;
Sans choix & ſans deſir, on les prend tour à tour.

C'eſt ce qui fait icy que, dans ma reſuerie,
Ie reuoy ſans plaiſir l'email de ces prairies,
Et que tout m'y paroiſt fade & ſans agrement.

Pour finir de ces mots la dure violence
Et changer au plaiſir vn ſi rude tourment,
Il ne faudroit, Iris, que ta ſeule preſence.

SONNET

IE n'ay point de relafche au foucy qui me ronge
De puis qu'abfent d'Iris ie refte dans ces lieux,
Si ce n'eft que la nuict il m'arriue qu'en fonge
Cet agreable obiet fe prefente à mes yeux.

Alors, dans les douceurs où cette erreur me plonge,
Ie croy que des enfers ie monte dans les Cieux,
Et ie renoncerois à la gloire des Dieux
Si ma felicité n'eftoit pas vn menfonge.

Iris en vn moment, par vn charme fi doux,
Se iette entre mes bras en defpit des ialoux
Et cent difficultez à vaincre difficiles.

Sommeil, dont la bonté merite des autels,
Si les biens que tu fais n'eftoient point fi fragilles
Tu ferois le plus grand de tous les immortels.

Par T.

SONNET

Quand, d'vn esprit doux & discret,
Tousiours l'vn à l'autre on défere,
Quand on se cherche sans affaire,
Quand ensemble on n'est point distrait.

Quand on n'eut iamais de secret
Dont on se soit fait vn mistere,
Quand on ne songe qu'à se plaire,
Quand on se quitte auec regret.

Quand, prenant plaisir à s'escrire,
On dit plus qu'on ne pense dire
Et souuent moins qu'on ne voudroit.

Qu'appellez-vous cela, la belle?
Entre nous deux cela s'appelle
S'aymer bien plus que l'on ne croit.

SONNET

A IRIS

E vous auoüe tout net que mõ cœur pend au-croc
Qu'il tient plus du moutõ qu'il ne tient de la-biche
Si vous voulez, Iris, qu'il cesse d'estre en   *friche*
De vostre cœur au mien daignez faire le   *troc*

Pour vous ie quitteray & la chasse & le   *broc*
Ie parle franchement, & maudit soit qui   *triche*
Quand l'amour vne fois dans ma teste se   *fiche*
I'y suis plus attaché que le Moine à son   *froc*

Pour vous plaire i'iray à bonds & à   *courbette*
Vous aurez violons & concert de   *trompette*
Ie n'espargneray rien, d'eusse-ie estre au bis   *sac*

Mais ie voudrois en fin paruenir à la   *loupe*
D'où sort vn gros ruisseau que l'on passe sans   *bac*
I'aurois pour y voguer vne iolie   *chaloupe*

            Da...

SONNET SVR LE P. THEATIN

QVI DISOIT LA BONNE AVENTVRE

N Aguere à S. Germain quelque affaire que-ieuſſe
  La curioſité du Theatin me   prit
Il fallut pour le voir qu'apres luy ie   couruſſe
Enfin l'occaſion de luy parler s'   offrit

Bien que dedans la foule aſſez auant ie fuſſe
Le pere me demeſle, il m'aborde, il me rit
Et me dit qu'il vouloit que le premier ie ſçeuſſe
Ce que dedans ma main le ciel auoit eſcrit

Il vit par certain ſigne & ie ne ſçay quel angle
Que la diſcretion me ſuffoque & m' eſtrangle
Il m'aprit que i'aymois bien plus qu'on ne m'aymoit

Et que, pour mes pechez, la belle vn peu trop chaſte
Tandis que ie veillois profondement dormoit
Que, pourtant, quelque iour cette ingratte….-mais-baste!

DECLARATION D'AMOVR

RONDEAV

IE ne fçaurois enfin plus long-temps vous le taire,
Il faut defcouurir mon deffein temeraire,
Ie ne veux pas, Iris, vous aymer feulement,
Ie veux que vous fentiez ma flamme & mon tourment
Et que rien à nos vœux ne fe trouue contraire;
Mais, fans vous engager à l'amoureux miflere,
Voyez auparavant fi ie fuis voftre affaire,
Car pour tromper iamais en amour franchement
  Ie ne fçaurois.

Ie puis donner vn cœur qui n'eft pas du vulgaire,
A qui fans vanité d'autres ont voulu plaire,
Ie fçauray vous aymer, vous feruir ardemment,
Vous donner des baifers auec empreffement,
Mais s'il falloit, Iris, autre chofe vous faire,
  Ie ne fçaurois.

RONDEAV

SVR LA LAIDEVR ET LE NOM DE PHILIS

*Q*Ve Philis a changé de face !
 A peine voit-on quelque trace
Des traits que les ans superflux
Ont flestri, par leur cruel flux,
Sur son front vni comme glace;
Son corps n'est plus qu'vne carcasse,
Aucun Amant ne la pourchasse,
Quand on la voit on n'en dit plus
  Que fi.

Son bon temps tout à fait se passe,
Son nom chez les Amans s'efface,
Et les Lis en estant exclus,
Il ne luy reste dans leur place
  Que fi.

✝✝✝✝✝✝✝✝✝✝✝✝✝✝✝✝✝✝✝✝✝✝✝✝✝✝✝✝

RONDEAV

Cinq ou fix fois i'ay creu cette nuict, en dormant,
Voir en mafque Amafis parée fuperbement
Auecque la fierté & l'air d'vne Déeffe,
Se faifant admirer au milieu de la preffe
Par fa grace diuine & par fon eniouëment.

Qu'au bal où elle eftoit on a veu chaque Amant
Perdre pour la feruir le tiltre de conftant,
La voyant furpaffer les autres en adreffe
    Cinq ou fix fois.

Ce fonge, quoy que faux, m'a plû infiniment,
Mais ie me flatte encor plus agreablement,
Penfant que quelque iour cette aymable maiftreffe
Connoiffant mon amour, partageant ma tendreffe,
Se laira dans fon lict baifer fort librement
    Cinq ou fix fois.
            Da...

✝

◑⃝◐◑⃝◐◑⃝◐◑⃝◐◑⃝◐◑⃝◐◑⃝◐◑⃝◐◑⃝◐◑⃝◐◑⃝◐◑⃝◐

RONDEAV

EN mon Iris vn charme dangereux
Conqueſte vn cœur en moins d'vn tour ou deux,
Il n'eſt point pour elle d'indomptable,
Et le plus fier comme le plus traitable
Luy rend bien-toſt hommage de ſes vœux.
Rien ne l'eſgalle auſſi deſſous les Cieux,
Et l'on conuient iuſtement en tous lieux
Qu'on ne voit rien enfin que d'admirable
  En mon Iris.

On voit les vns en adorer les yeux,
D'autres cherir ſon maintien gratieux,
Et tous aymer ſon humeur agreable,
Pour moy, ie ſçay quelque choſe d'aymable
Qu'en verité i'eſtime beaucoup mieux
  En mon Iris.

       DA

◑⃝◐

POVR M. D. L. G.

SOVS LE NOM DE DIANE

~~~

VILANELLE

I'Aprends, par vn petit poulet
Que vous efcriuiez à mon frere,
Que vous fçauez faire doublet,
Dieu vous fauue & garde, Bergere.

Auec Syluandre Lycidas
Pourroit bien eftre voftre affaire,
Sans cela ie ne vous plais pas,
Dieu vous fauue & garde, Bergere.

Ie m'eſtois touſiours bien douté
Que vous auiez l'ame legere
Et moy trop de fidelité,
Dieu vous ſauue & garde, Bergere.

Vn Amant pour vous c'eſt trop peu,
Quoy que vous ſeule il conſidere,
Il en faut mille à voſtre feu,
Dieu vous ſauue & garde, Bergere.

Voſtre cœur paroiſt tout glacé
Quand vn ſeul Amant vous réuere,
Il n'échauffe qu'eſtant preſſé,
Dieu vous ſauue & garde, Bergere.

Pour moy la foule me deſplaiſt,
Mon cœur eſt vn cœur ſolitaire,
Ie fuis le voſtre s'il ne l'eſt,
Dieu vous ſauue & garde, Bergere.

L'amour que vous me teſmoigniez
N'eſtoit pas beaucoup neceſſaire
Puiſqu'en l'ame vous ne l'auiez,
Dieu vous ſauue & garde, Bergere.

Cette feinte deuotion
Dont vous faifiez fi grand miftere
N'eft qu'vne profanation,
Dieu vous fauue & garde, Bergere.

Si vous n'auez point d'autre amour
Que celuy que de vous i'efpere,
Lycidas peut dire à fon tour :
Dieu vous fauue & garde, Bergere!

RESPONCE

AV BERGER SYLVANDRE

~~~~~~~~

I 'Aprends, par voſtre Vilanelle,
Que voſtre cœur me veut changer,
Ie ſçay que ie ne ſuis pas belle,
Dieu vous ſauue & garde, Berger.

Syluandre, Siluiane eſt telle
Qu'elle pourroit vous engager,
Et bien, ſi c'eſt pour l'amour d'elle
Dieu vous ſauue & garde, Berger.

Elle ne paroiſt point cruelle
Mais ſon cœur peut eſtre leger,
Si vous brûlez d'amour pour elle
Dieu vous ſauue & garde, Berger.

Si ie vous parois criminelle
Ie veux bien me iuſtifier,
Mon amitié eſt eternelle,
Dieu vous ſauue & garde, Berger.

Lycidas vous tient en ceruelle,
Ie veux, pour vous deſabuſer,
Dire malgré noſtre querelle :
Dieu vous ſauue & garde, Berger.

Sçachez que mon cœur eſt fidelle
Et qu'il ne peut ſe dégager,
Il vous paroiſtra plein de zelle,
Dieu vous ſauue & garde, Berger.

Helas ! ma flamme eſt immortelle,
I'en ſuis au poinᶜt de ſouſpirer,
I'ayme comme vne tourterelle,
Dieu vous ſauue & garde, Berger.

Adieu, cœur double, ame infidelle,
Ie fuis obligée de quitter,
Ie ne puis plus rimer à lelle,
Dieu vous fauue & garde, Berger !

Diane.

TABLE DES MATIÈRES

~~~~~~~

9

TABLE

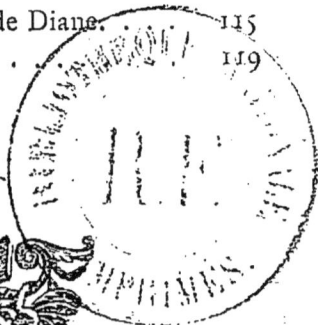

ACHEVÉ D'IMPRIMER

le vingt-cinq janvier mil huit cent quatre-vingt-deux

PAR E. CAGNIARD

A ROUEN

www.ingramcontent.com/pod-product-compliance
Lightning Source LLC
Chambersburg PA
CBHW071815090426
42737CB00012B/2100